团 体 标 准

公路边坡浅层竹木稳固技术指南

Technical Guideline for Shallow Protection of Highway Slope with Bamboo or Wood

T/CHTS 10010—2019

主编单位：中国科学院地质与地球物理研究所
发布单位：中国公路学会
实施日期：2019 年 06 月 10 日

人民交通出版社股份有限公司
China Communications Press Co.,Ltd.

图书在版编目(CIP)数据

公路边坡浅层竹木稳固技术指南：T/CHTS 10010—2019 / 中国科学院地质与地球物理研究所主编. — 北京：人民交通出版社股份有限公司，2019.5

ISBN 978-7-114-15552-9

Ⅰ. ①公… Ⅱ. ①中… Ⅲ. ①公路路基—边坡—边坡防护—指南 Ⅳ. ①U418.5-62

中国版本图书馆 CIP 数据核字(2019)第 096484 号

标准类型：	团体标准
标准名称：	公路边坡浅层竹木稳固技术指南
标准编号：	T/CHTS 10010—2019
主编单位：	中国科学院地质与地球物理研究所
责任编辑：	郭红蕊　韩亚楠
责任校对：	尹　静
责任印制：	张　凯
出版发行：	人民交通出版社股份有限公司
地　　址：	(100011)北京市朝阳区安定门外外馆斜街 3 号
网　　址：	http://www.ccpress.com.cn
销售电话：	(010)59757973
总 经 销：	人民交通出版社股份有限公司发行部
经　　销：	各地新华书店
印　　刷：	北京市密东印刷有限公司
开　　本：	880×1230　1/16
印　　张：	1.25
字　　数：	18 千
版　　次：	2019 年 6 月　第 1 版
印　　次：	2019 年 6 月　第 1 次印刷
书　　号：	ISBN 978-7-114-15552-9
定　　价：	200.00 元

(有印刷、装订质量问题的图书由本公司负责调换)

中国公路学会文件

公学字〔2019〕53号

中国公路学会关于发布《公路边坡浅层竹木稳固技术指南》的公告

现发布中国公路学会标准《公路边坡浅层竹木稳固技术指南》(T/CHTS 10010—2019),自2019年6月10日起实施。

《公路边坡浅层竹木稳固技术指南》(T/CHTS 10010—2019)的版权和解释权归中国公路学会所有,并委托主编单位中国科学院地质与地球物理研究所负责日常解释和管理工作。

中国公路学会

2019年5月16日

T/CHTS 10010—2019

前　言

本指南在总结国内外相关技术研究成果和施工经验的基础上，对公路边坡竹木稳固技术进行规范，解决公路边坡浅层抗雨水冲刷问题。

本指南按照《中国公路学会标准编写规则》（T/CHTS 10001）编制。

本指南共6章，主要内容包括：公路边坡浅层防护设计、施工技术、质量控制与验收、养护等。

本指南实施过程中，请将发现的问题和对指南的意见、建议反馈至中国科学院地质与地球物理研究所（地址：北京市朝阳区北土城西路19号；联系电话：010-82998564；电子邮箱：lizhiq-2002@163.com），供修订时参考。

本指南由中国科学院地质与地球物理研究所提出，受中国公路学会委托，由中国科学院地质与地球物理研究所负责具体解释工作。

主编单位：中国科学院地质与地球物理研究所

参编单位：云南交投集团投资有限公司、云南武易高速公路有限公司、中国科学院页岩气与地质工程重点实验室、云南楚姚高速公路有限公司、北京中岩天地科技有限公司、北京中地新生代岩土科技有限公司、云南省交通规划设计研究院有限公司、云南交投市政园林工程有限公司、云南久久建设投资有限公司

主要起草人：李志清、周应新、祁生文、钱正富、汪永林、岳锐强、陈晖、侯建伟、薛雷、唐能、杨贵梅、方绍林、唐忠林、曾维成、吴尚峰、王宏钧、张吉、杨红苏、李云峰、水建华、梁晓波、徐芳、蒋文江、金少明、云维林

主要审查人：王晓曼、周海涛、杨志峰、陈兵、张科利、叶慧海、吴立坚、赵平、韩亚楠、孔亚平、王英宇

目 次

1 总则 1
2 术语 2
3 设计 3
　3.1 一般规定 3
　3.2 适用范围 3
　3.3 材料 3
　3.4 竹木格构 4
4 施工 6
　4.1 一般规定 6
　4.2 固土格构法 6
5 施工质量控制与验收 7
　5.1 质量要求 7
　5.2 验收方法 7
6 养护 8
用词说明 9

公路边坡浅层竹木稳固技术指南

1 总则

1.0.1 为指导公路边坡生态防护的设计、施工及养护，满足公路边坡防护的稳定性与生态景观需求，制定本指南。

1.0.2 本指南主要适用于湿润、半湿润地区的高速公路和一、二级公路等新建、改扩建边坡生态防护。

1.0.3 本指南的稳固技术在边坡整体稳定的情况下可单独使用，在边坡欠稳定情况下可与工程防护措施联合使用。

1.0.4 应用本指南时，应坚持质量第一、因地制宜、就地取材的原则。通过稳固剂固土、竹木格构护坡、植被防冲刷三重作用，增强边坡抗冲刷能力，提高边坡稳定性。

1.0.5 公路边坡浅层稳固技术的设计及施工，除应符合本指南要求外，尚应符合有关法律法规及国家、行业现行有关标准的规定。

2 术语

2.0.1 浅层竹木稳固技术 shallow protection technology with bamboo or wood
采用稳固剂固土、竹木格构护坡和植被防护的方法,防止边坡坡面受降雨冲刷导致破坏。

2.0.2 固土格构法 soil-stable lattice method
采用固土湿喷与竹木梯框格梁对边坡坡面进行防护的一种方法。

2.0.3 竹木格构 lattice with bamboo or wood
采用竹片或木条编制成菱形、方形等形状,搭接成不同规格的组合式框架。

2.0.4 竹木梯框格梁 bamboo(wood)ladder frame beam
由竹木格构以错台形式搭接成的一种框格梁结构。

2.0.5 固土湿喷法 Solid wet spray
采用喷播机械,将土壤、稳固剂、植物种子等按比例配制的混合物加水后,湿法喷射到坡面进行防护的一种方法。

3 设计

3.1 一般规定

3.1.1 应进行地形、地质、气候、植物、土壤和边坡状况等调查。

3.1.2 应优先选用前期生长速度较快、后期易养护的乡土植物。

3.1.3 应注重植物多样性及季相变化，宜采用根系发达的灌草混植。

3.1.4 格构材料应采用无污染的竹、木等。

3.2 适用范围

3.2.1 固土格构法、固土湿喷法的适用范围见表3.2.1。

表 3.2.1 公路边坡浅层稳固技术类型及方法

位 置	类 型	坡 比	防 护 方 法
挖方边坡	岩质边坡	1∶0.5～1∶0.75	固土格构法
		1∶1～1∶1.5	固土格构法；挂网固土湿喷法
	土石边坡或土质边坡	1∶0.5～1∶0.75	固土格构法
		1∶1	固土格构法；挂网固土湿喷法
		1∶1.25～1∶1.5	固土格构法；固土湿喷法；竹木梯框格梁
填方边坡	土石边坡或土质边坡	1∶0.75～1∶1	固土格构法；挂网固土湿喷法
		1∶1.25～1∶1.5	固土格构法；固土湿喷法；竹木梯框格梁

注：固土湿喷法工艺参照湿法客土喷播。

3.3 材料

3.3.1 固土格构法主要材料的技术要求见表3.3.1。

表 3.3.1 材料技术要求

材料名称	技术要求
素土	土粒径≤2mm，含水率≤30%
基质有机质及酸碱度	有机质含量≥4%；酸碱度介于5.5～8.0
稳固剂及稳固土	稳固剂与壤土混合湿喷后的泥沙流失量应低于50g①
天然纤维	木纤维长度宜为6mm～6.5mm；锯木屑宜堆酵处理
植物配比	根据所设计的目标植物群落类型，选择草本植物、灌木、藤本植物等的使用量和比例，应采用不少于5种植物组合

表 3.3.1（续）

材料名称	技术要求
植物种子	播种量 $W = G \times Q/(1\,000 \times C \times D \times P \times R)$ 式中，W 为播种量（g/m²）；G 为植株密度（株/m²）；Q 为种子千粒重（g）；C 为立地条件校正率，坡率大于 1 取 0.8，阳坡取 0.8，岩质边坡取 0.85；D 为施工期校正率，非季节施工期取 0.8；P 为种子纯度（%）；R 为种子发芽率（%）
锚定杆	宜选用木楔或竹楔作为锚钉，可做防腐处理；在没有木楔或竹楔条件下，可采用锚杆，主锚杆（螺纹钢）直径取 16mm，辅助锚杆（螺纹钢）直径取 12mm
无纺布	应选用透气防水、环保、柔韧、无毒无味的材料

3.3.2 稳固土的厚度应根据坡面的地质情况合理选择。

1 坡面为全土质且土壤质地和结构利于植物生长时，稳固土的厚度可采用 4cm～5cm。
2 坡面为全土质但土壤质地和结构不利于植物生长时，稳固土的厚度可采用 5cm～7cm。
3 坡面土壤含石量较大植物生长困难时，稳固土的厚度可采用 7cm～10cm。
4 岩质边坡，稳固土的厚度不宜小于 10cm。

条文说明：

①泥沙流失量试验方法

1. 第一种方法，室内降雨冲刷模型试验方法：针对固土格构法，边坡模型设计为坡比 1∶1，坡面干燥后，经历 100mm/h 雨强和 10min 历时的坡面降雨冲刷，收集坡面流失的泥沙水，每平方米范围内每百克水中含泥沙质量应低于 50g。

2. 第二种方法，现场降雨冲刷试验方法：针对固土格构法，自坡体植被发芽长出 6 个月后，采用水力喷射播种机进行现场降雨冲刷试验，定点持续冲刷坡面 1min 以上，收集流失的泥沙水，每平方米范围内每百克水中含泥沙质量应低于 50g。

3.4 竹木格构

3.4.1 竹木格构设计应满足以下要求：

1 竹木格构的尺寸可采用长 180cm×高 120cm，纵向每隔 10m～20m 设置变形缝。竹木格构内的菱形网格接头槽口可采用 70°～90°交角的斜交接口。边坡坡度较陡时取小值，坡度较缓时取大值。

2 坡比为 1∶0.5～1∶0.75 的坡面，菱形网格尺寸可采用 30cm×30cm；坡比为 1∶1.5～1∶1 的坡面，菱形网格尺寸可采用 40cm×40cm～60cm×60cm，格构边长不大于 2m，纵向肋柱直径不小于 10cm。

3 菱形网格中竹木扁（条）的厚度不应小于 1cm，竹木扁（条）的宽度应大于稳固土厚度 2cm。

4 格构材料可竹、木混用。

条文说明：

1 错台竹木梯框格梁示意图如图 3.4.1-1、图 3.4.1-2 所示。

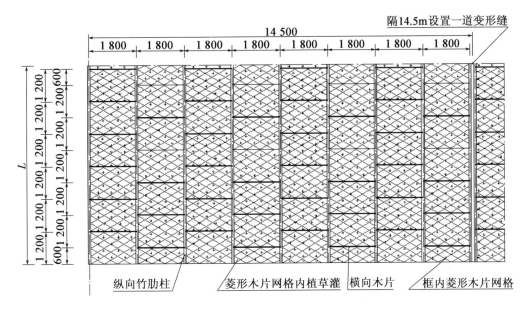

图 3.4.1-1 错台竹木梯框格梁立面示意图(尺寸单位:mm)

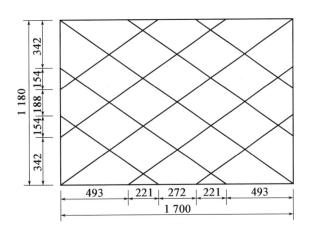

图 3.4.1-2 菱形网格示意图(尺寸单位:mm)

4 施工

4.1 一般规定

4.1.1 移交的边坡应安全稳定,达到设计要求后方可进行浅表层稳固防护,边坡支护、加固结构与截排水工程应符合《公路工程质量检验评定标准》(JTG F80/1—2017)和《公路工程竣(交)工验收办法实施细则》(交公路发〔2010〕65号)的规定。

4.1.2 坡面施工前,应对浮石、浮根、杂草及杂物等进行清理,对坡面转角处及坡顶的棱角进行修整,坡面应保持平顺。

4.2 固土格构法

4.2.1 技术要求

1 采用竹木桩固定竹木肋柱的上、中、下处,桩长30cm~60cm,入土深度20cm~50cm,再将竹桩与竖肋绑扎牢固。

2 将竹木格构从下到上、从左到右搭接在一起,形成竹木梯框格梁,倚靠在坡面,采用细绳或铁丝绑扎格构,形成一个护坡整体。

3 素土、稳固剂等基材应拌和均匀,喷覆在格构梁的格室中。

4 当基材厚度大于5cm时,应分基层、种子层喷播。

5 喷播后应立即覆盖无纺布,3个月内,视土壤失水情况浇水1次/d~2次/d。

4.2.2 施工流程

1 施工流程见图4.2.2。

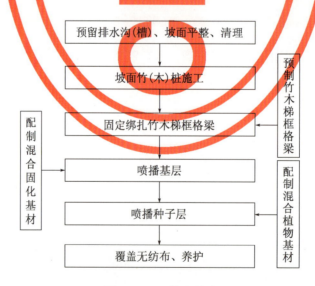

图4.2.2 施工流程

5 施工质量控制与验收

5.1 质量要求

5.1.1 稳固剂选用及稳固土坡面抗侵蚀能力、竹木梯框格梁施工质量、基质层厚度与质量、植被密度与覆盖度等应达到设计要求。

5.2 验收方法

5.2.1 掺配稳固剂后稳固土的坡面抗侵蚀能力测定方法：施工后 3～6 个月，应采用模拟暴雨冲刷试验或实际经历一次自然暴雨冲刷后，受侵蚀边坡泥沙流失量低于 $50g/m^2$ 为合格。

5.2.2 竹木梯框格梁施工质量测定方法：采用网格法，进行目测估算竹木梯框格梁损毁面积占框格梁总面积百分比，低于 10% 的定为合格。

5.2.3 边坡基质层厚度测定方法如下：边坡每 $1 000m^2$ 随机设定 5 个 $1m×1m$ 的样方，在每个样方中用网格针刺法[①]测量 5 个点的基质层的厚度，得出 25 个样点基质层厚度的样本值和平均值。平均值不低于设计规定为合格。

5.2.4 植被密度与植被覆盖度测定方法：边坡每 $1 000m^2$ 随机设定 5 个 $1 m×1 m$ 的样方，计量样方内的植物株数为植物密度，采用网格法目测估算样方的植被覆盖度，植被密度与覆盖度均取平均值作为评价指标。

条文说明：
　　① 网格针刺法
　　针刺法是指采用固定在针刺架上的刺针穿行植被层或基质层时的触点数、触点内容及触点高度等指标来研究植被特征的方法。支架上装有单只或按一定距离排列的多只刺针(5 只～10 只)，每只刺针可通过支架上的引导槽上下运动。支架、引导槽和刺针上具有刻度，刺针尖端锐利。当刺针沿引导槽穿刺通过植被层或基质层时，记录针尖接触植物或基质的次数(触点数)、部位(触点内容)及相应测量距离(触点高度)。

6 养护

6.0.1 根据当地气候条件制订相适应的养护方案。

6.0.2 对未达到植被覆盖度要求的部分进行基材修补、植物补播或补种。

6.0.3 根据植物生长情况、季节变化，进行杂草防除、病虫害防治等工作。

用 词 说 明

1 本指南执行严格程度的用词,采用下列写法:

1) 表示严格,在正常情况下均应这样做的用词,正面词采用"应",反面词采用"不应"或"不得"。

2) 表示允许稍有选择,在条件许可时首先应这样做的用词,正面词采用"宜",反面词采用"不宜"。

3) 表示有选择,在一定条件下可以这样做的用词,采用"可"。

2 引用标准的用语采用下列写法:

1) 在标准条文及其他规定中,当引用的标准为国家标准或行业标准时,应表述为"应符合《××××××》(×××)的有关规定"。

2) 当引用标准中的其他规定时,应表述为"应符合本指南第×章的有关规定""应符合本指南第×.×节的有关规定""应按本指南第×.×.×条的有关规定执行"。